moi aussi, je serai
SECOURISTE

Histoire originale et Illustrations : Ralf Butschkow
Adaptation : Annie Murat

Piccolia

Mon amie Anna est secouriste aux urgences. C'est un drôle de métier. Il faut toujours être prêt à se rendre n'importe où. Et c'est comme ça que je l'ai rencontrée. J'étais partie faire une randonnée en montagne avec papa et, en tombant, je me suis fait très mal à la jambe. Papa a fait une attelle avec une branche et m'a portée jusqu'au refuge. J'avais mal, très mal ! La gardienne du refuge nous a dit : « À mon avis, la jambe est cassée. Il faut l'emmener à l'hôpital. J'appelle l'hélicoptère. »

L'hélicoptère est arrivé. Quel bruit ! Une jeune femme en combinaison rouge est descendue et elle s'est approchée de moi.
« Bonjour, je m'appelle Anna ; je suis secouriste. Alors, ma puce, qu'est-ce qui t'arrive ? Je vois que ton papa a fait une jolie attelle mais on va la remplacer par une autre plus confortable. On y va ? Une, deux, et voilà ! Tu es une petite fille très courageuse. Alors voyons cette jambe... »

Anna a vite compris que ma jambe était cassée. Elle a souri :
« Ce n'est pas grave, mais il faut quand même aller à l'hôpital pour te poser un plâtre. Tu as une sacrée veine, toi. Tu vas faire une jolie balade en hélicoptère ! »
Elle m'a sanglée sur la civière et avec le pilote, ils m'ont ensuite transportée jusqu'à l'appareil. L'intérieur était très étroit, rempli de toutes sortes de machines. Anna m'a dit que c'était pour pouvoir soigner les gens tout de suite, dans les cas graves. Il n'y avait pas assez de place pour papa, alors on m'a expliqué qu'il me rejoindrait plus tard à l'hôpital. Et l'hélico a décollé. Ça fait une drôle d'impression !

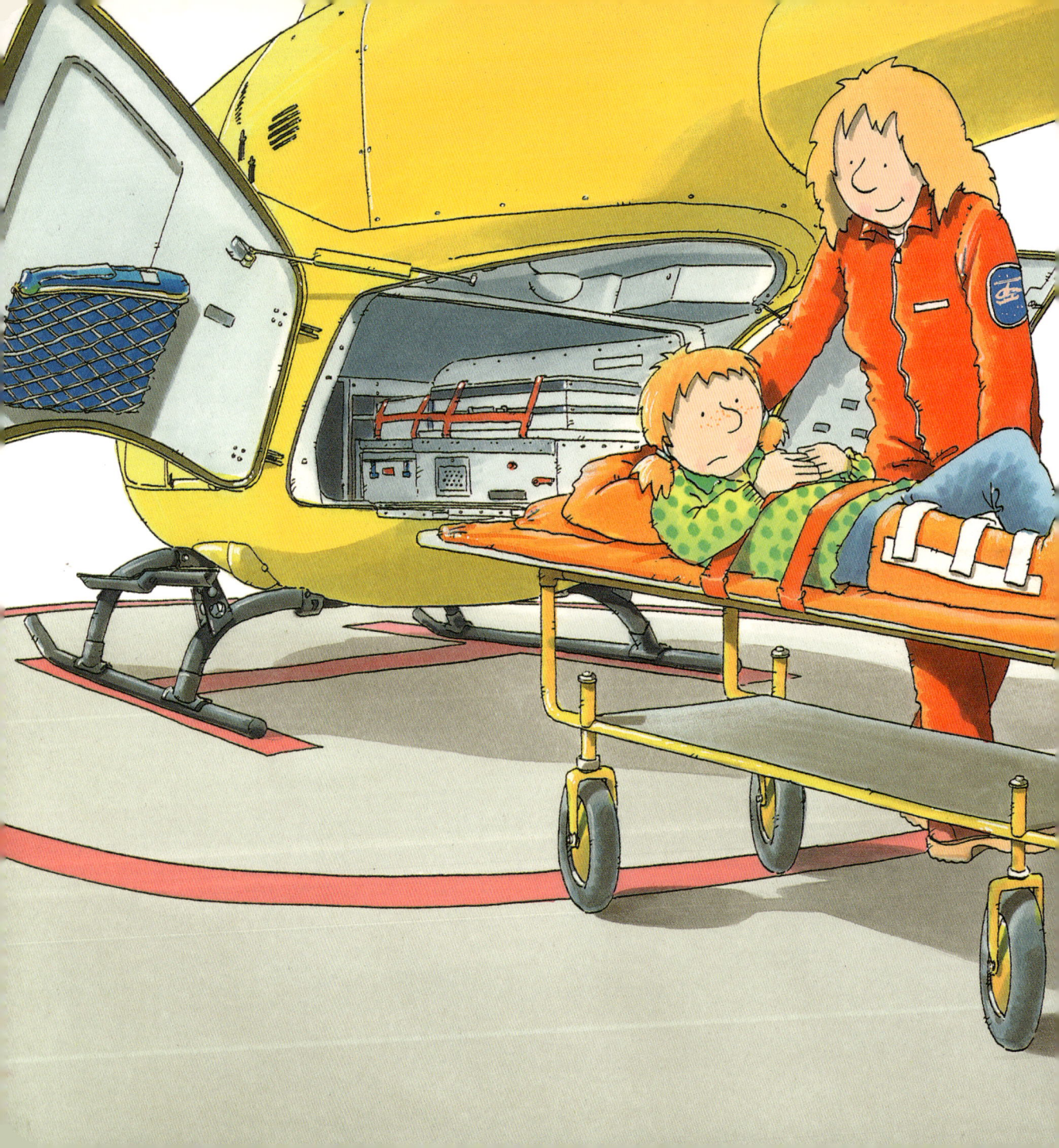

L'hélicoptère s'est posé tout en douceur sur l'héliport derrière l'hôpital. « Stéphane, je te confie ma copine Marie », a dit Anna au médecin qui m'attendait avec un brancard à roulettes. Elle m'a fait un bisou avant de repartir en courant vers l'hélico. Elle ne pouvait pas rester avec moi car elle doit toujours être prête à secourir des blessés ou des malades. Moi, j'avais un peu envie de pleurer ! Avant de monter, elle a crié : « Je passerai te voir ce soir. Promis ! »

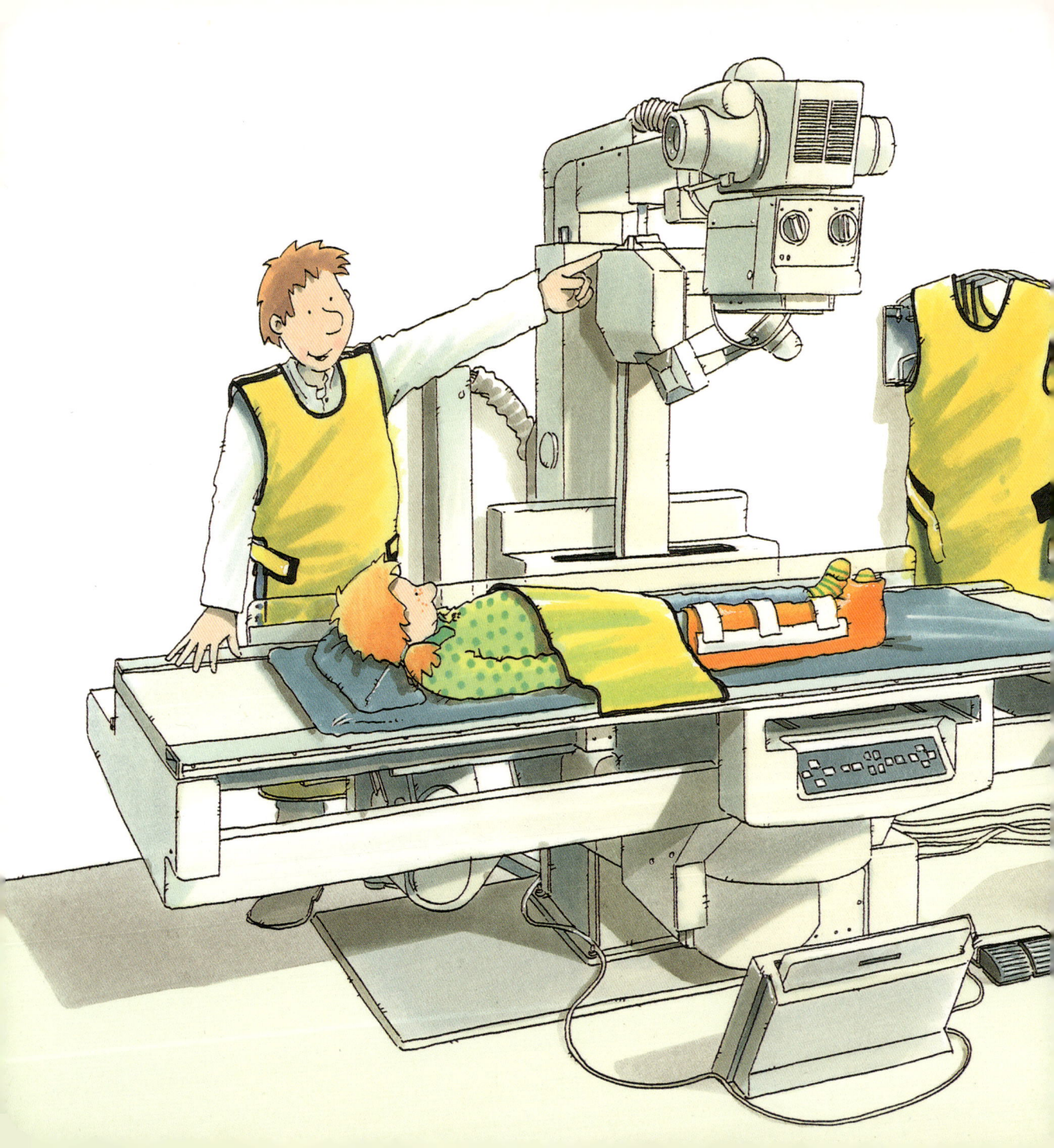

Stéphane était très sympa. Il a dit : « Je parie que tu as fait exprès de tomber pour rater l'école. Non ? » Arrivés en salle de radiologie, il m'a expliqué qu'on allait faire une radio de ma jambe : « Ne t'inquiète pas, ça ne fait pas mal. » Puis il a enfilé un tablier : « C'est un tablier en plomb qui ne laisse pas passer les rayons X. Il vaut mieux éviter de s'exposer trop souvent. »

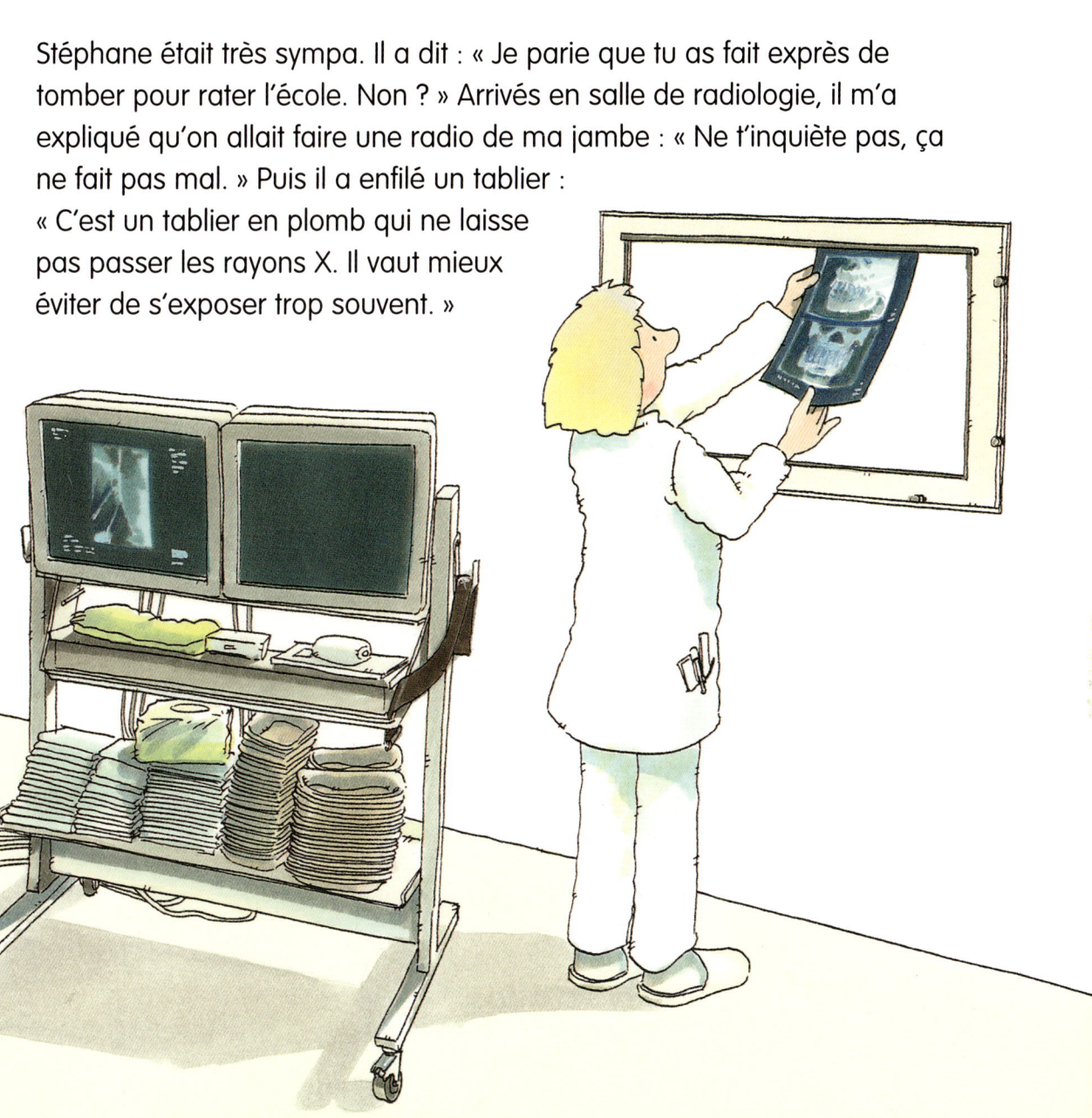

Grâce à la radio, j'ai pu voir l'endroit exact où mon os était cassé. Stéphane m'a conduite jusqu'à une salle de soins. « Nous allons immobiliser ta jambe dans un plâtre provisoire en attendant qu'elle ait dégonflé. Puis, nous ferons un nouveau plâtre, comme celui du garçon que tu vois là-bas.

– Comment fait-on ?

– On plonge les bandes plâtrées dans l'eau, et ensuite on les enroule autour de ta jambe. Elles durcissent rapidement et maintiennent le membre cassé en place jusqu'à ce que l'os se ressoude. Tu verras, c'est très léger et tu peux même choisir la couleur que tu veux ! » J'ai choisi le vert, parce que c'est ma couleur préférée.

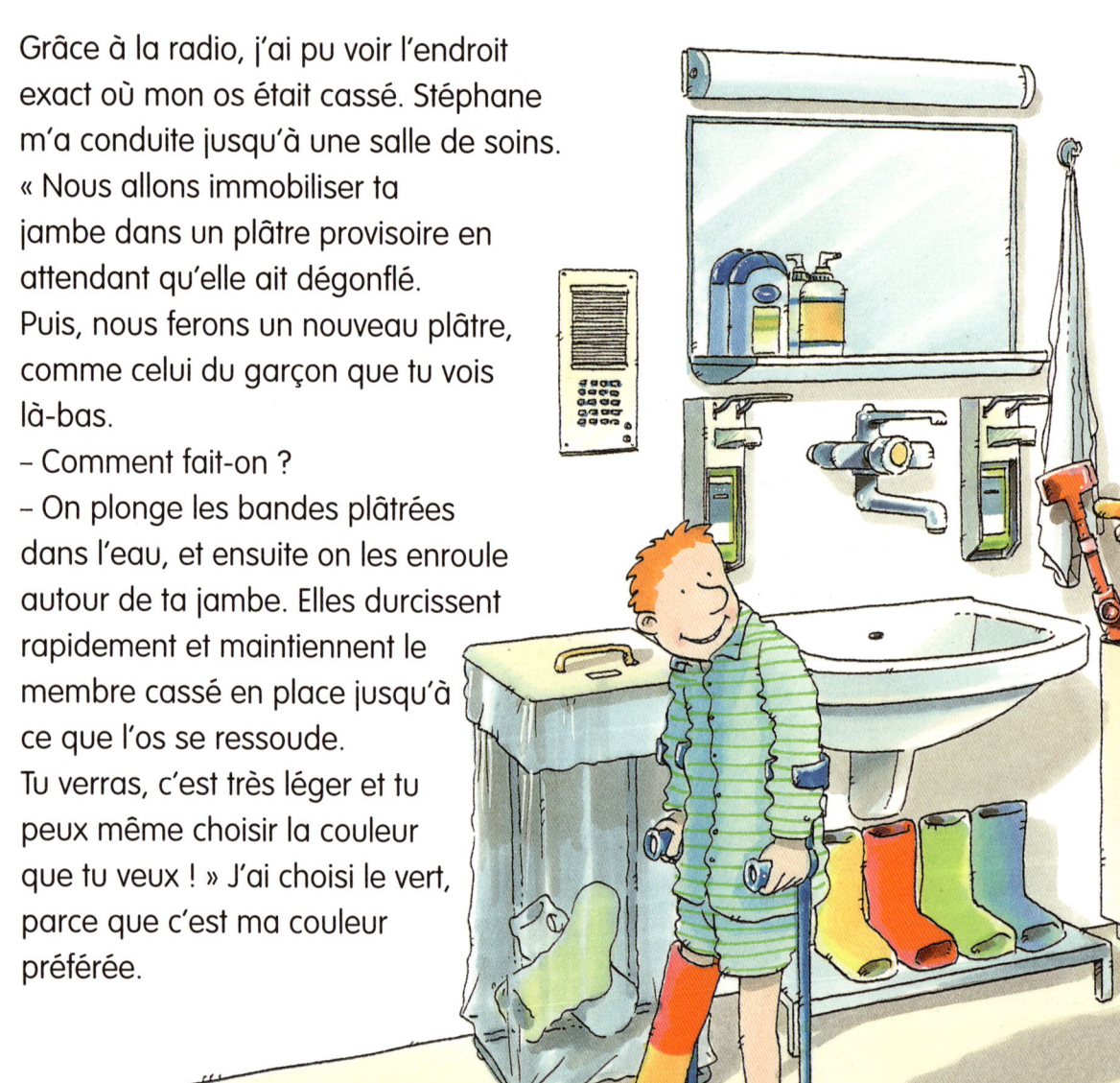

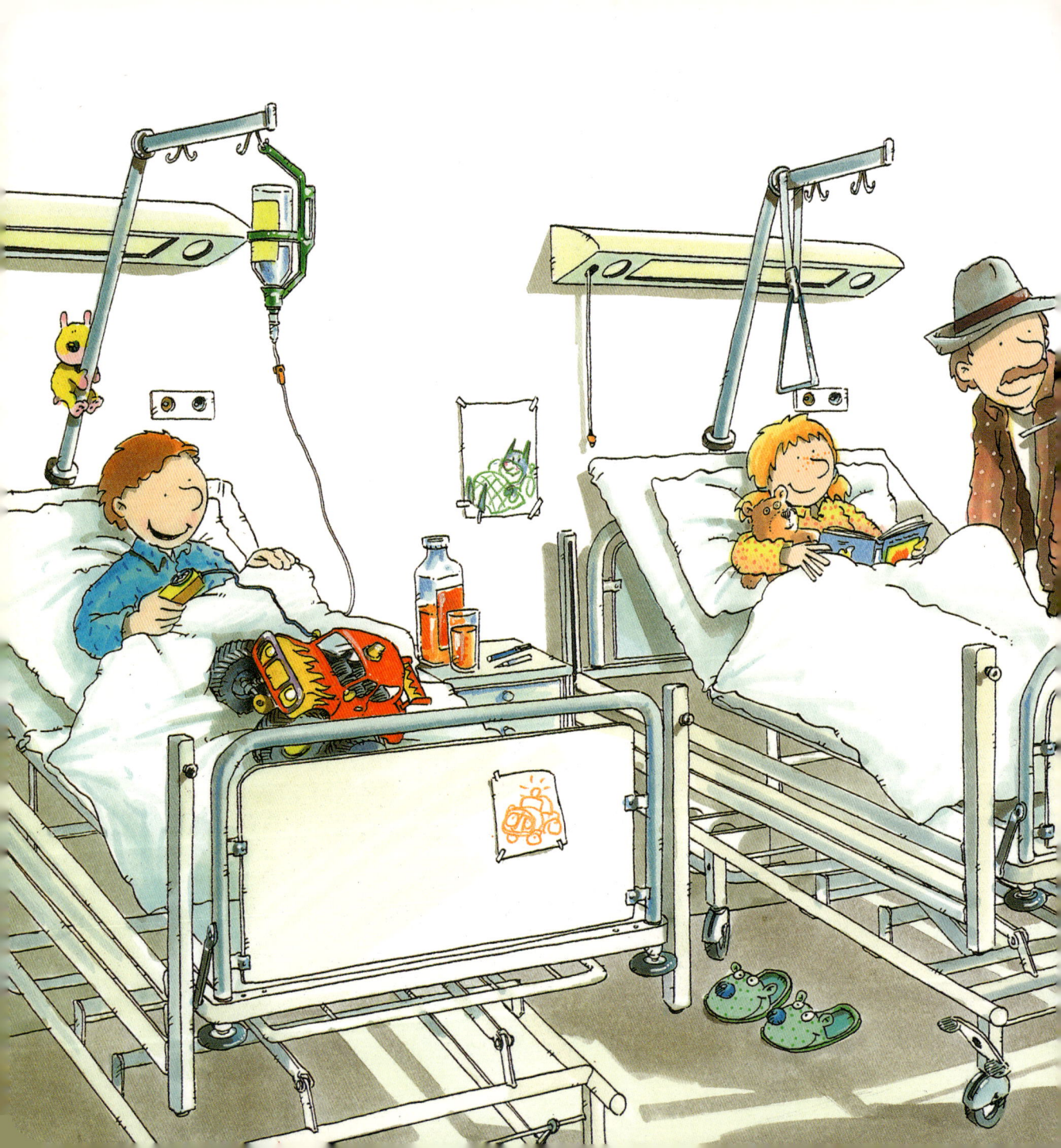

Papa est enfin arrivé, très fatigué. Il avait redescendu toute la montagne à pied ! En fin de journée, Anna est venue me voir : « Alors, comment te sens-tu ? Je suis sûre que tu aimerais faire le même métier que moi. Je me trompe ? Alors, il faut que tu t'entraînes au pilotage ! »
Et elle m'a donné un hélico miniature. Elle a ajouté : « Dès que tu pourras marcher avec des béquilles, je viendrai te chercher pour te montrer les ambulances. D'accord ? »

Cela fait maintenant plusieurs jours que je suis à l'hôpital, et je me débrouille bien avec mes béquilles ! Ce matin, comme promis, Anna est venue me chercher. Nous sommes allées au local des secouristes. Elle m'a expliqué comment cela fonctionne : « On a plusieurs véhicules différents dont une voiture pour que le médecin des urgences arrive le plus vite possible là où on a besoin de nous.

SECOURS

468 DRM 92

– Et l'ambulance, alors ?

– Elle arrive juste après, dans le cas où il faut transporter la personne à l'hôpital. Parfois, le médecin des urgences part directement avec. Et puis, si la personne n'est pas accessible par la route…

– Vous prenez l'hélico, comme pour moi.

– Tu as tout compris. »

J'avais bien envie de voir l'intérieur de l'ambulance et Anna m'a aidée à grimper. C'était bourré d'instruments de toutes sortes :
un électrocardiographe, pour surveiller les battements du cœur,
un sphygmomanomètre, pour mesurer la tension, des seringues, des médicaments. Anna m'a expliqué qu'il fallait tout ça pour pouvoir soigner très vite les gens.

« Et cette valise, là, accrochée sur la paroi, elle sert à quoi ?

– C'est la trousse de premier secours. Le médecin n'a plus qu'à la prendre quand il descend de l'ambulance.

– Pourquoi les choses sont attachées ?

– Pour éviter que tout tombe pendant le trajet. Nous conduisons souvent à toute vitesse, tu sais.

– Ça, je l'avais déjà remarqué ! »

Je commençais à me demander si le métier d'urgentiste n'était pas un peu dangereux. Je l'ai dit à Anna.

« Tu as raison. C'est parfois du sport ! Surtout quand il y a beaucoup de circulation. Il faut slalomer pour éviter les voitures et les piétons.

– Mais vous avez la sirène, et puis le feu bleu au-dessus…

– Le gyrophare. Oui, mais il arrive que les gens nous voient trop tard. Il faut être très attentif. Ce serait un comble si nous provoquions nous-mêmes un accident ! »

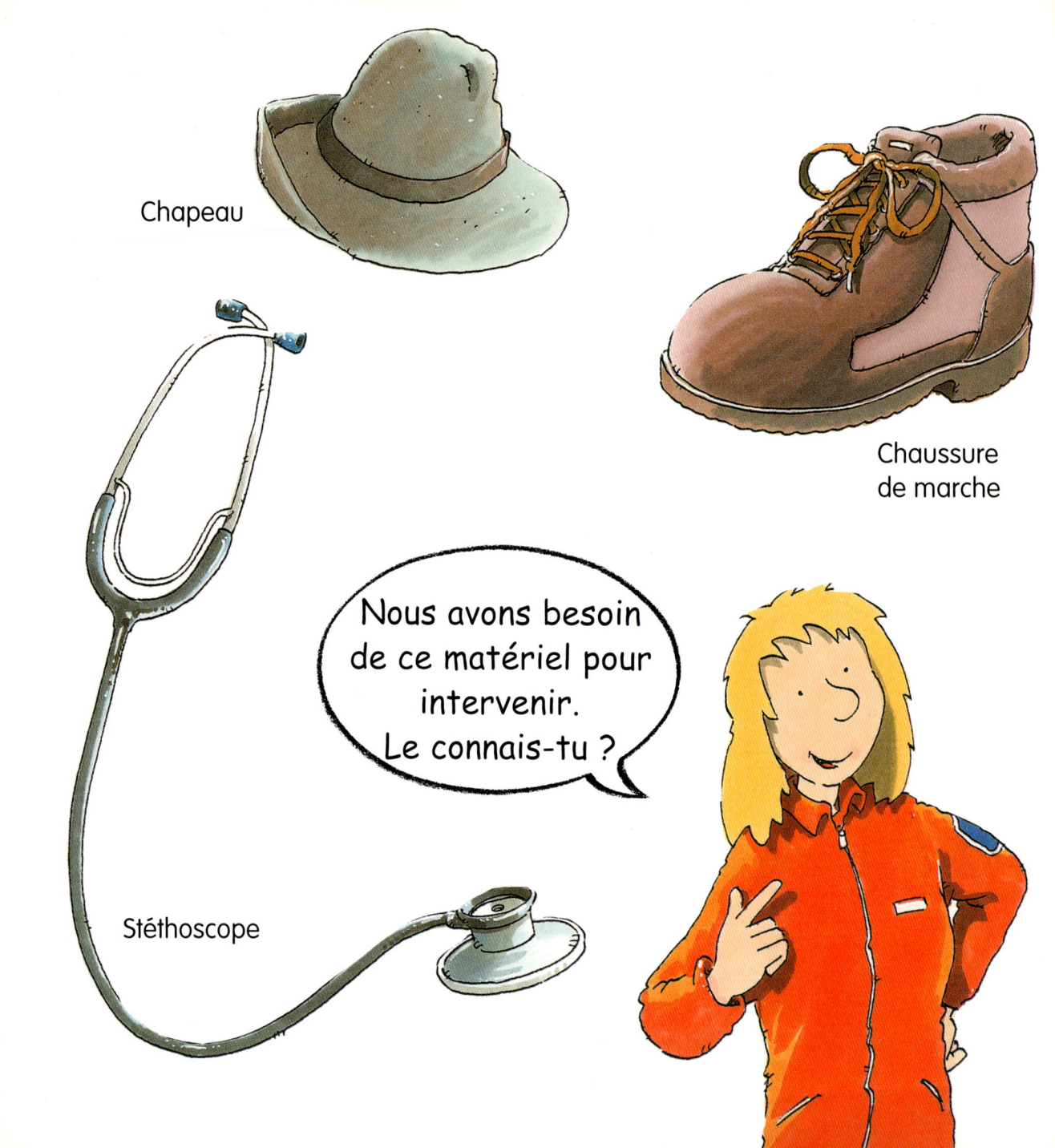

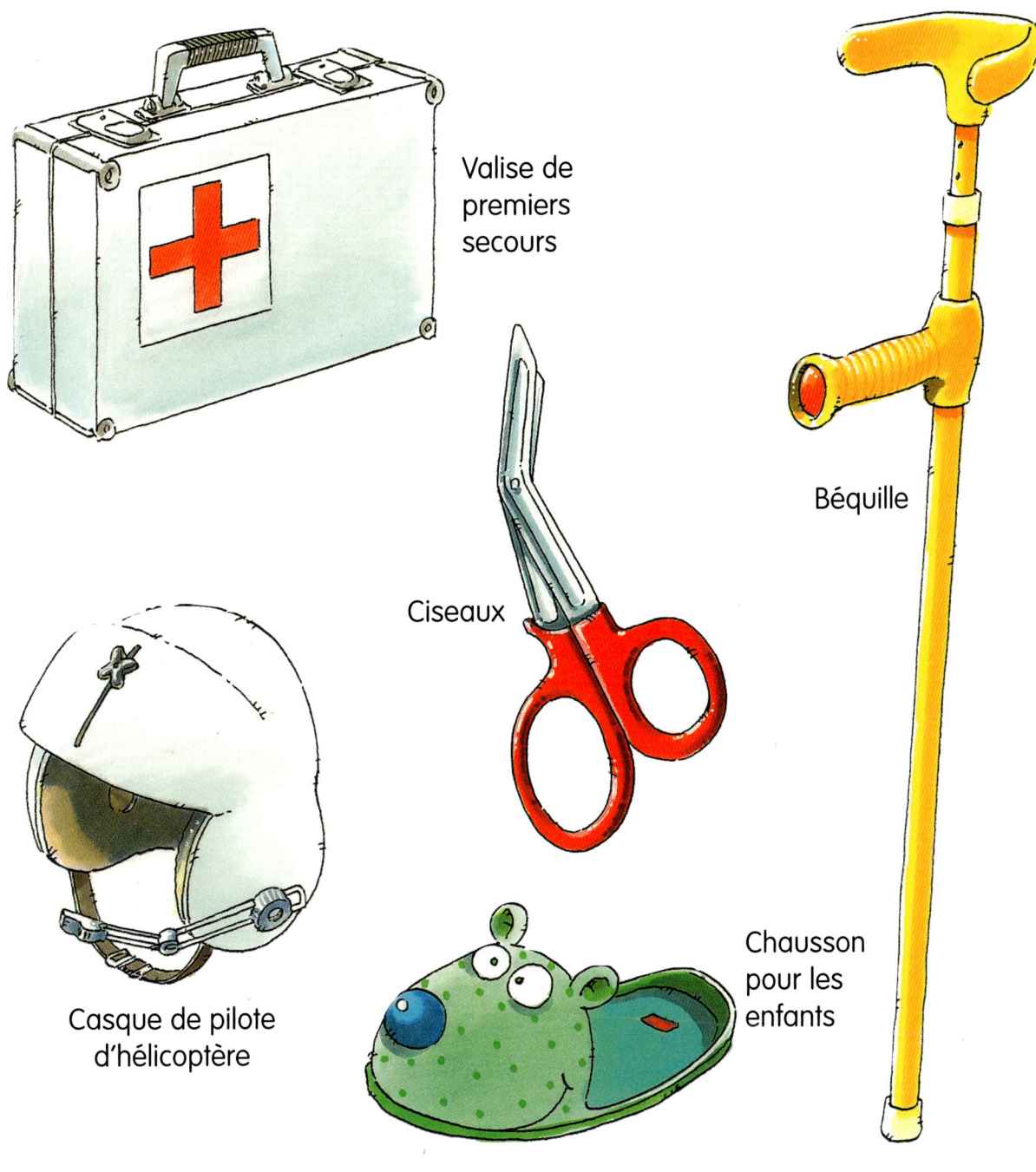

Valise de premiers secours

Béquille

Ciseaux

Casque de pilote d'hélicoptère

Chausson pour les enfants

Aujourd'hui, je vais pouvoir rentrer à la maison. Anna est venue me rendre une dernière visite. Elle m'a apporté un cadeau : une valise blanche sur laquelle elle a collé une grosse croix rouge avec du ruban adhésif. « Ce sera ta trousse de premiers secours. J'y ai mis des bandes, des pansements et un rouleau de plâtre. Comme ça, tu pourras t'entraîner ! »

Moi aussi, un jour, je serai secouriste !